CB050604

Atenção plena em poucas palavras

"Nada é bom ou mau em si, tudo depende daquilo que pensamos."

Hamlet, Ato II

Atenção plena em poucas palavras

10 minutos por dia para
uma vida mais tranquila
e menos estressante

Dra. Patrizia Collard

SEXTANTE

Título original: *The Little Book of Mindfulness*

Copyright © 2014 por Patrizia Collard
Copyright de design e layout © 2014 por Octopus Publishing Group Ltd.
Copyright da tradução © 2016 por GMT Editores Ltda.

Publicado originalmente na Grã-Bretanha em 2014 por Gaia Books, uma divisão da Octopus Publishing Group Ltd., Carmelite House, 50 Victoria Embankment, EC4Y 0DZ, Londres. www.octopusbooks.co.uk.

Todos os direitos reservados. Nenhuma parte deste livro pode ser utilizada ou reproduzida sob quaisquer meios existentes sem autorização por escrito dos editores.

Patrizia Collard assegura o direito moral de ser identificada como autora desta obra.

tradução: Débora Chaves
revisão: Ana Grillo, Hermínia Totti e Juliana Souza
diagramação e adaptação de capa: Miriam Lerner | Equatorium Design
impressão e acabamento: Cromosete Gráfica e Editora Ltda.

CIP-BRASIL. CATALOGAÇÃO NA PUBLICAÇÃO
SINDICATO NACIONAL DOS EDITORES DE LIVROS, RJ

C665a   Collard, Patrizia
           Atenção plena em poucas palavras / Patrizia Collard;
        tradução de Débora Chaves; Rio de Janeiro: Sextante, 2016.
        96 p.; il.; 10,5 x 14,7 cm.

        Tradução de: The Little Book of Mindfulness
        ISBN 978-85-431-0398-3

        1. Psicoterapia. 2. Meditação. I. Título.

16-33850   CDD: 616.8914
                                                  CDU: 615.851

Todos os direitos reservados, no Brasil, por
GMT Editores Ltda.
Rua Voluntários da Pátria, 45 – Gr. 1.404 – Botafogo
22270-000 – Rio de Janeiro – RJ
Tel.: (21) 2538-4100 – Fax: (21) 2286-9244
E-mail: atendimento@sextante.com.br
www.sextante.com.br

Sumário

Introdução 6

1
Estar presente no aqui e agora 17

2
Aceitar e reagir 29

3
Tomando decisões 41

4
Simplesmente ser 53

5
Comendo de maneira consciente 65

6
Gratidão e compaixão 77

7
Atenção plena no dia a dia 87

Agradecimentos 96

Introdução

O que é atenção plena?

Atenção plena é estar atento ou trazer o foco para este momento, de maneira deliberada e sem julgar a experiência. Por exemplo, quando estamos atentos e saímos para uma caminhada (veja página 42), nós de fato prestamos atenção em tudo o que encontramos – árvores, carros, flores brotando em pequenas fendas, um gato cruzando a estrada –, em vez de ficarmos elaborando listas de coisas para fazer.

Quando estamos assim, reconectados, vivendo de maneira autêntica cada momento, descobrimos a sensação de paz e de encantamento. Isso permite que nos sintamos, ao menos de vez em quando, verdadeiramente maravilhados com a vida.

Como forma de terapia, a atenção plena esteve em evidência recentemente. Ela é recomendada pelo Ministério da Saúde dos Estados Unidos e também está nas diretrizes estabelecidas pelo Instituto Nacional para a Excelência Clínica (NICE, na sigla em inglês). Muitos veem essa prática como uma intervenção simples, eficiente e barata para aliviar o estresse do dia a dia, além de uma habilidade que, uma vez incorporada ao cotidiano, pode evitar que entremos em colapso ou que fiquemos doentes.

Existem mais de 10 mil teses sobre terapias baseadas na atenção plena, caso você queira se aprofundar no assunto, bem como diversos vídeos e artigos na internet. A aplicação da atenção plena abrange várias situações, tais como treinamentos para pais e mães sobre como educar os filhos, tratamentos de transtornos mentais e terapias de bem-estar. Essa técnica também é utilizada como reforço para o sistema imunológico, com resultados positivos em pacientes com HIV, síndrome da fadiga crônica, fibromialgia e esclerose múltipla.

Os benefícios da prática da atenção plena

A prática frequente da atenção plena traz diversos benefícios físicos e psicológicos, entre eles:

~ Aumenta a sensação de calma e relaxamento.
~ Melhora os níveis de energia e de entusiasmo pela vida.
~ Reduz o risco de estresse, depressão, ansiedade, dor crônica, dependência química e baixa imunidade.
~ Ajuda a aumentar a compaixão por nós mesmos, pelos outros e pelo planeta.

Como tudo começou

Há pouco mais de 30 anos, um biólogo molecular, enquanto meditava, teve a ideia de testar a prática da meditação no ambiente hospitalar. Em 1979, Jon Kabat-Zinn abriu mão da carreira de cientista para montar uma clínica de redução do estresse no Hospital Universitário de Massachusetts. Ele tinha estudado ioga e a tradição do zen coreano e meditava com regularidade.

No início dos anos 1990, um programa de TV de 40 minutos apresentou para uma grande audiência a técnica da atenção plena. Milhares de pessoas ficaram interessadas em aprender mais sobre os seus fundamentos depois que assistiram ao programa. Nessa época, Kabat-Zinn escreveu *Full Catastrophe Living*

(Vivendo a catástrofe total) – título baseado na frase dita pelo personagem principal do filme *Zorba, o Grego*, interpretado por Anthony Quinn: "Não sou um homem? E homens não são burros? Sou homem. Então, me casei. Mulher, filhos, casa, tudo.
A catástrofe total!"

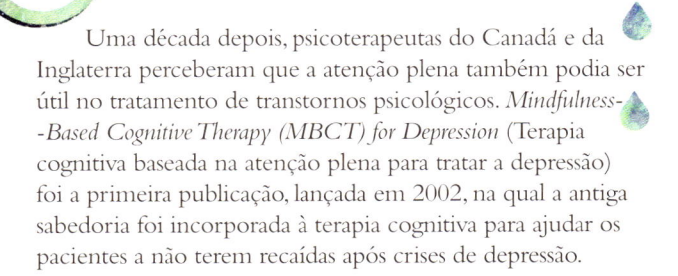

Uma década depois, psicoterapeutas do Canadá e da Inglaterra perceberam que a atenção plena também podia ser útil no tratamento de transtornos psicológicos. *Mindfulness--Based Cognitive Therapy (MBCT) for Depression* (Terapia cognitiva baseada na atenção plena para tratar a depressão) foi a primeira publicação, lançada em 2002, na qual a antiga sabedoria foi incorporada à terapia cognitiva para ajudar os pacientes a não terem recaídas após crises de depressão.

Atualmente, a MBCT e a MBSR (redução do estresse baseada na atenção plena) são usadas para tratar doenças como ansiedade, estresse, dor crônica, alguns tipos de câncer, transtornos alimentares, dependência química e transtorno bipolar.

Aprendendo na hora do almoço

Em 2008, escrevi um ensaio (Collard e Walsh) baseado na minha experiência de ensinar a atenção plena a funcionários da universidade. Os participantes eram acadêmicos, técnicos e administradores. O "treinamento de conscientização" que dei no horário do almoço, uma hora por dia durante uma semana, se baseava num conjunto de técnicas para ajudar a equipe a alcançar o equilíbrio entre a vida pessoal e o trabalho. As pessoas foram instruídas a se conectar regularmente com os cinco sentidos e a se concentrar, sem julgamento, no aqui e agora. Os exercícios que escolhi não são difíceis de ensinar, muito menos de aprender. Enfatizei, no entanto, que o ideal seria que os participantes estabelecessem uma rotina regular de práticas para que a mudança ocorresse.

Essas breves sessões semanais ajudaram a produzir mudanças visíveis, além de causar melhorias na saúde dos participantes. O lema era: somos todos diferentes e especiais, então não precisamos nos tornar outras pessoas, e sim nos conectar mais profundamente com o nosso eu verdadeiro.

O nível de estresse de todo mundo diminuiu, a comunicação e o apoio entre os integrantes do grupo melhoraram bastante e, de modo geral, todos ficaram mais alegres e com a sensação de que a vida era uma grande aventura.

A atenção plena é um novo jeito de ser,
de viver e de melhorar o equilíbrio
entre o trabalho e a vida pessoal.

Reconectando-se com a vida

Ao ensinar a atenção plena, enfatizamos
que esta habilidade pode não "curar" todas as doenças.
O que ela realmente faz é mudar nossa perspectiva sobre
o desconforto e abrir novas possibilidades para deixarmos
de apenas "ser" e lutar para termos uma vida melhor. Você
aprende a viver no entorno da dor em vez de se concentrar
nela o tempo todo. A dor no seu ombro se tornará apenas
uma dor no ombro, e talvez até recue para o fundo de sua
consciência, à medida que você se concentrar em respirar
ou escutar os sons ao seu redor.

Nós começamos a entender que a prática da atenção
plena pode evitar que fiquemos doentes e infelizes,
mas também pode trazer de volta aquela curiosidade
que tínhamos quando crianças. Nós podemos sentir de
novo os encantos da vida natural: uma folha de grama,
as nuvens no céu, o delicioso sabor de um morango, a
importância de nos cercarmos de amigos e de quem
realmente se importa conosco.

De repente percebemos que esses pequenos momentos
são verdadeiros milagres. Esses vislumbres de alegria são
mesmo importantes porque nos conectam com a vida, em
vez de nos afastar dela.

> "Quando você beber,
> apenas beba; quando
> caminhar, apenas
> caminhe."

Ditado zen

Pensamentos mudam a realidade

A atenção plena, se praticada com regularidade, pode mudar não só a bioquímica do corpo, como também o cérebro em termos estruturais. Veja o caso do "homem mais feliz da Terra", o monge budista Matthieu Ricard, ph.D. em biologia. Ele tem o centro de controle emocional (amígdala) bem menor que o das outras pessoas e consegue permanecer num aparelho de ressonância magnética por algumas horas. Certa vez, ao sair do aparelho, depois de ter realizado três meditações longas enquanto era observado, ele disse que a experiência tinha sido um retiro (quase) agradável. Sua amígdala reduzida também o ajuda a não piscar quando surge um som alto ao seu redor. Ele é o "Sr. Tranquilidade", mas não deixa de olhar para os dois lados da rua antes de atravessá-la.

Gratidão cada vez maior

Com o aumento do nível de consciência, aumentamos também os níveis de gratidão e de compaixão, como provam estudos do cérebro feitos por exames de ressonância magnética.

A gratidão ocorre quando nos damos conta de tudo o que recebemos e nos conectamos com os outros numa relação de bondade amorosa. Começamos a focar em percepções e pensamentos positivos e, por um tempo, nos desapegamos da ansiedade. Na realidade, toda ação em que nos engajamos pode se tornar uma meditação diária, uma maneira de diminuir o ritmo e apreciar a vida. Parece algo tão simples que é quase constrangedor ter de estudá-lo.

Precisamos apenas nos lembrar de quando éramos crianças e observávamos o céu e as nuvens passando. Não havia nada a fazer, nada a conquistar. Não havia noção de tempo nem qualquer culpa em "gastá-lo". Tempo e culpa são conceitos que aprendemos bem mais tarde na vida.

Junte-se a mim

Com este livro, quero convidá-lo a se juntar a mim e sentir de novo como é estar conscientemente vivo e conectado à sensação de que todo momento é precioso. Gostaria de lembrá-lo como pode ser incrível saborear uma fruta fresca, sentir o cheiro de lavanda, acariciar alguém que amamos e sentir de fato a conexão com o outro.

Obviamente, como a vida é uma experiência dualística, nós também nos tornamos mais sensíveis aos aspectos dolorosos da existência. Ainda assim, até isso pode trazer vantagens, pois nos impede, por exemplo, de comer um sanduíche meio passado, de manter um relacionamento destrutivo ou de permanecer num emprego que não nos faz bem. Se conseguirmos diminuir o ritmo, ainda que por alguns minutos por dia, enriqueceremos nossa experiência de vida e manteremos o corpo e a mente saudáveis.

Cada capítulo apresenta práticas de 5 e de 10 minutos que você pode experimentar na ordem que achar melhor. E pode preferir explorá-las um pouco mais a fundo do que o sugerido. Seja da forma que for, está ótimo.

Minha esperança é que este livro ajude você a se aproximar um pouco mais da tranquilidade e da alegria interior.

Dicas e posturas de meditação

※ Em alguns exercícios sugiro que você se sente numa cadeira. Escolha uma de espaldar reto, que dê apoio à coluna, mas que seja confortável. Use roupas folgadas e talvez um xale ou uma manta para não sentir frio – quando meditamos, ficamos relaxados e a temperatura corporal tende a cair, da mesma forma que acontece quando nos preparamos para dormir.

※ Sente-se com a postura ereta – nem tão rígido, nem largado. Sentar dessa forma ajuda você a ficar focado e atento a qualquer sensação assim que ela surgir, e a se conectar com ela como uma âncora de consciência, de modo a evitar que a mente fique vagando e acabe entrando num fluxo de pensamento ansioso.

※ Sempre que for praticar um exercício, pare por alguns momentos a fim de "entrar em contato" com você mesmo. Sinta-se livre para iniciar a prática se isso lhe parecer ser o melhor naquele momento.

※ Se você não conseguir realizar algum exercício que exija movimento, sente-se de maneira confortável e execute-o mentalmente. Nunca faça nada que provoque dor. Menos quase sempre é mais.

1
Estar presente no aqui e agora

Viver cada momento e olhar para tudo sem julgamentos e preocupações nos permite aproveitar a vida em vez de simplesmente passar por ela.

5 minutos

Olhe ao seu redor e viva mais

Neste exercício, você deve colocar o foco da atenção em qualquer coisa à sua volta. Você pode olhar para uma folha ou árvore em especial, ou uma pedra, flor ou planta. Você pode querer pensar num móvel ou num objeto de decoração pelo qual tenha especial afeição, imaginando as etapas e as pessoas envolvidas em sua produção.

Um estudo recente mostra que as práticas de atenção plena – como esta – não apenas desencadeiam mudanças estruturais no cérebro, como também prolongam nossa vida.

Até agora, essa pesquisa tem demonstrado que a meditação provoca mudanças psicológicas e cognitivas, melhorando a percepção e o bem-estar, por exemplo. Além disso, acredita-se que essa prática pode de fato ajudar a retardar o processo de envelhecimento ao proteger os telômeros, estruturas localizadas nas extremidades dos cromossomos que ajudam a preservá-los.

Com curiosidade e senso de aventura, podemos aprender e vivenciar mais cada momento.

5 minutos

Desperte a respiração

Este importante exercício nos ajuda a respirar de maneira plena, e nos fortalece e nos desperta para enfrentar o dia com confiança e tranquilidade. Você pode praticá-lo sentado na cadeira ou no chão.

- Permaneça na postura da montanha (ver p. 26), com a coluna alongada e ereta, as pernas e os pés separados na largura dos quadris. Posicione os braços nas laterais do corpo, as palmas viradas para a frente, de modo que os polegares fiquem voltados para fora.

- Inspire e levante os braços lentamente até que as mãos se encontrem acima da cabeça, as palmas se tocando. Expire devagar enquanto abaixa os braços até o lado do corpo, coordenando o movimento com a respiração. Veja se consegue respirar de forma alongada e profunda, e tente perceber a pausa ao final de cada inspiração e expiração.

- Repita 5-8 vezes.

5 minutos

Sintonize-se!

O objetivo de qualquer prática de atenção plena é basicamente perceber a vida conforme ela acontece. É manter-se presente e tranquilo, sem se deixar arrastar de volta ao modo pensar/se preocupar. Escolha uma âncora de conscientização – um ponto focal para direcionar a mente.

Aqui, você vai se conectar com o som, de modo a vivenciar o presente e um monte de outros momentos com a curiosidade de uma criança e sem julgamentos.

Comece com 5 minutos e vá aumentando aos poucos o tempo da prática, se sentir que será o melhor para você. Encontre um lugar especial numa parte tranquila de sua casa ou de seu jardim.

- Sente-se. Feche os olhos ou mantenha-os semicerrados.

- Permita que os sons penetrem em sua consciência, mas deixe que desapareçam, da mesma forma que as nuvens passam pelo céu: sons de perto e de longe, que vão e vêm. Não se preocupe em defini-los porque, quando isso acontece, nossa tendência é criar histórias que acionam o lado esquerdo (pensamento) do cérebro, em vez do lado direito (sentimento). Tudo que você precisa fazer é estar presente diante do som.

❋ Perceba que a audição se torna mais apurada e que as outras atividades cerebrais parecem ir para o fundo de sua consciência. Em alguns momentos, os pensamentos podem surgir com mais intensidade. Esta é a natureza da mente; ela tende a se ocupar, mesmo quando não queremos. Portanto, sempre que perceber que sua mente está vagando, volte para a sua consciência, para o simples escutar. Este movimento é a sua âncora!

❋ Note que o tempo parece não existir mais; sua respiração também pode se tornar mais longa e profunda. Mas ainda que "nada" aconteça e você ache que está apenas sentado, tudo bem. Cada exercício vai se desenvolver de maneira diferente. Não existe jeito certo ou errado de praticar a atenção plena.

5 minutos

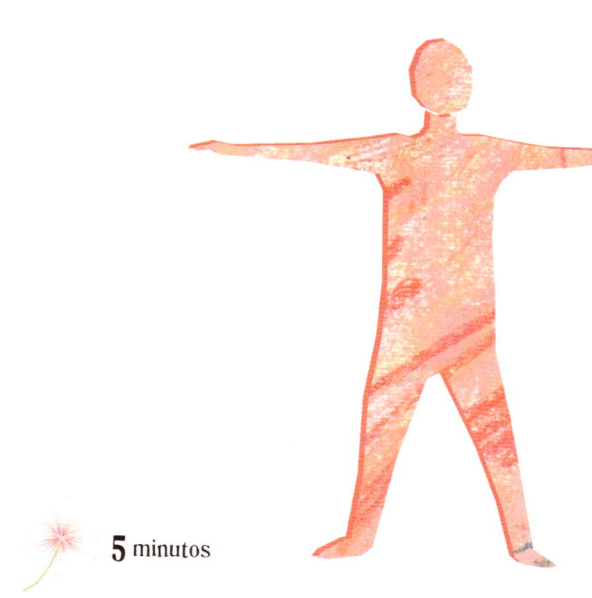

Em pé, como uma estrela-do-mar

Esta postura deixa você com a sensação de estar concentrado, irradiando energia e confiança a partir da região do umbigo e da espinha em direção aos braços e às pontas dos dedos. Ela fortalece as pernas, as costas, os ombros e os braços.

- ✺ Fique na postura da montanha (ver p. 26), com os braços nas laterais do corpo, apontados para baixo.

- ✺ Deixe os pés paralelos, a uma distância de 50 cm um do outro. Contraia o assoalho pélvico e alongue a coluna. Respire e segure até sentir-se estável.

- ✺ Solte o ar, levante os braços até ficarem paralelos ao chão, com as palmas viradas para baixo. Mantenha a coluna alongada a partir da pelve e contraia os ísquios como se um fosse encostar no outro ("suspensão do assoalho pélvico") para empurrar o cóccix para baixo. Relaxe os ombros à medida que estende os braços e as pontas dos dedos para as laterais. Faça de três a cinco respirações completas.

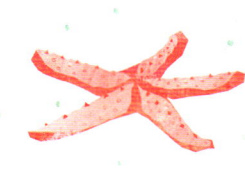

5 minutos

Sinta a terra: a postura da montanha

Esta postura simples da ioga pode ajudar você a se tornar forte como uma montanha. Sentir-se conectado com a terra faz com que seu corpo e sua mente existam no aqui e agora. Além disso, esta posição fortalece as pernas e melhora a postura. Como alternativa, imagine uma montanha e sinta-se forte e tranquilo como ela.

- Fique em pé com as pernas abertas na largura do quadril, os braços nas laterais do corpo, as palmas voltadas para dentro, tocando suavemente as coxas.

- Respire algumas vezes para se tornar consciente da respiração. Quando expirar, contraia o assoalho pélvico e mantenha-o assim até que você sinta um aperto na base de suas nádegas, como se os ísquios estivessem se aproximando. Essa postura apoia a coluna a partir de baixo. Mantenha o ritmo da respiração. Na próxima expiração, "puxe" os músculos abdominais para dentro e, ao mesmo tempo, alongue a coluna.

- Permaneça de pé, com a coluna reta e a cabeça levantada. Respire profundamente jogando o ar para os pulmões, criando uma sensação de espaço na área toda do peito a cada inspiração. Quando expirar, role os ombros para trás e para baixo, liberando qualquer tensão na parte superior das costas.

- A cada inspiração, sinta toda a coluna vertebral se elevando enquanto você contrai o abdômen, levando o umbigo até a coluna e percebendo o apoio que está dando à parte inferior das suas costas.

inspiração

Por que as pequenas coisas importam

Qualquer prática que você faça diariamente pode se tornar seu "sinal de atenção plena". Saia do piloto automático e realize tarefas simples, rotineiras, como se as fizesse pela primeira vez, saboreando as sensações e absorvendo os detalhes da tarefa na qual está concentrado.

Você pode escolher entre:
~ Escovar os dentes com atenção
~ Vestir-se com atenção
~ Escutar e falar com atenção
~ Comer e beber com atenção
~ Dirigir com atenção

Muitas vezes escutei as pessoas dizerem: "Mas eu nunca vou completar minhas tarefas se diminuir muito o ritmo." Talvez isso seja verdade. No entanto, ao se tornar mais atento, você vai descobrir novas alegrias nas atividades cotidianas e um dia poderá até "correr" atentamente, ou seja, manter suas tarefas sem perder o foco.

2
Aceitar e reagir

As práticas simples de atenção plena envolvem o corpo e a mente, ajudam a relaxar e, aos poucos, trazem de volta a sensação de serenidade e paz.

10 minutos

Sinta a respiração

Encontre um lugar tranquilo. Você pode se sentar numa cadeira ou no chão, ou ainda se recostar na parede para apoiar a coluna. Mantenha o corpo aquecido e, se quiser, acenda uma vela.

- Concentre-se nas sensações provocadas pelos pontos de contato de seu corpo com o chão ou com a cadeira. Explore essas sensações; "sinta" o seu corpo e deixe que ele respire por si mesmo.

- Direcione sua atenção para o peito e a barriga; observe-os se expandir e se contrair.

- Sinta sua respiração. Você pode perceber uma pausa breve depois de cada inspiração e sentir o ritmo próprio de cada ciclo respiratório.

> Observar a respiração pode
> ser como amansar um cavalo selvagem.
> A intenção é domá-la com bondade,
> sem tirar o seu vigor.

※ Pode ser que a sua mente vague – pense, sonhe, planeje ou relembre – e perca contato com a respiração, mas não tem problema. Basicamente, note o que está tirando o seu foco e volte a prestar atenção na sua barriga e na sensação de respirar.

※ Ter consciência de que sua mente divagou e trazê-la de volta para a respiração é tão importante quanto permanecer focado na respiração. Afinal de contas, somente quem está atento percebe a natureza irrequieta da mente.

※ No fim da prática, apague a vela.

Dica ~ Experimente fazer os exercícios de respiração em diferentes horas do dia: alguns momentos vão ser mais convenientes para você do que outros.

5 minutos

Enrolar a coluna promove a serenidade

No processo de relaxamento, projetar o corpo para baixo enrolando a coluna alonga os músculos e ajuda a liberar a tensão. Este movimento aumenta a mobilidade da coluna, alonga a musculatura das costas, trabalha o abdômen e alonga as panturrilhas.

Sinta-se tranquilo, finalmente!

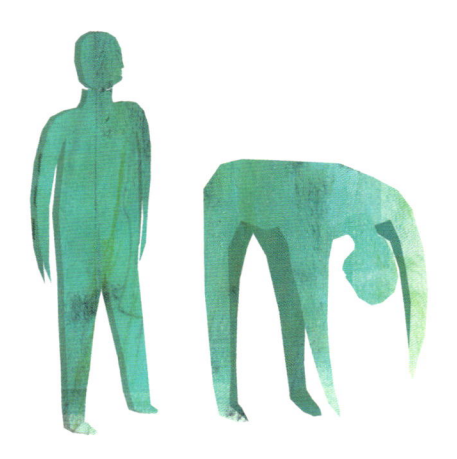

- Mantenha a postura da montanha (ver p. 26), com os braços nas laterais do corpo.

- Alongue a coluna, respire fundo, encoste o queixo no peito e enrole o corpo como se estivesse envolvendo uma bola grande. As mãos aos poucos deslizam pelas coxas e ajudam a controlar o movimento. Desça o máximo que conseguir sem sentir dor; dobre um pouco os joelhos. Contraia o abdômen.

- Mantenha a postura por várias respirações profundas e então volte lentamente. Ao expirar, contraia os ísquios e puxe os músculos abdominais em direção à coluna; depois, respire normalmente com suavidade e profundidade, endireitando a coluna à medida que desenrola o corpo, vértebra por vértebra, sempre deixando a cabeça pendurada e os braços encostados nas pernas para apoiar o movimento. A cabeça sobe por último, posicionando os ombros para trás e para baixo. Fique em pé e mantenha o controle.

Evite fazer este exercício se tiver algum problema de hérnia de disco ou hipertensão arterial.

10 minutos

"Converse" com a raiva e livre-se dela

Encontre um lugar tranquilo e sente-se confortavelmente. Mantenha o corpo aquecido e, se quiser, acenda uma vela.

- Sinta as pernas tocando o chão, as nádegas e a lombar sustentando o corpo, as mãos pousadas no colo. Relaxe os músculos da face.

- Perceba sua respiração e permita que seu corpo "respire sozinho". Desfrute cada respiração, observe o ar entrando e saindo do corpo.

- Quando se sentir preparado, experimente aproximar-se mentalmente de sua raiva. Pode ser uma torrente de palavras ou um sentimento; ela pode ter uma cor ou mesmo uma forma. Você pode sentir que está um pouco mais agitado do que antes, mas é normal.

✳ Agora "converse" com sua raiva: *"Quero entender você. Permita que eu sinta você. Dê tudo o que você tem. Vou simplesmente me sentar e observar. Não vou reagir e me comportar como antes."*

✳ Mantenha o foco na respiração e na sua "dança", por assim dizer, com a raiva.

✳ Continue por mais algum tempo e veja como se sente nessa situação desconfortável. Lembre-se de que isso também vai passar. Termine o exercício quando sentir que está na hora.

5 minutos

Faça o alongamento do gato seis vezes

Nós guardamos no corpo a tensão dos conflitos não resolvidos. O alongamento do gato pode ajudar a liberar a tensão mental e também a tensão muscular das costas, da coluna, dos ombros e do pescoço, levando-nos de volta a um estado de consciência e tranquilidade.

- Se conseguir, fique na posição de quatro apoios sobre um tapete de ioga, com os punhos na direção dos ombros e os quadris na direção dos joelhos.

- Alongue a coluna desde o alto da cabeça até o cóccix. Inspire e sinta a barriga se expandir, depois expire, trazendo o umbigo para junto da coluna. Repita o movimento três vezes, trazendo o umbigo cada vez mais próximo da coluna a cada expiração.

- Expire, aproximando o umbigo da coluna, movimentando o cóccix para baixo e aproximando o queixo do peito, enrolando a coluna em forma de C, como se estivesse envolvendo uma bola. Sinta a postura. Respire.

※ Inspire e inverta o movimento. Lentamente solte a barriga em direção ao chão e alongue a coluna, ficando numa posição neutra. Ainda inspirando, aponte o peito e o esterno para a frente e para cima e levante os olhos. Mantenha os braços firmes e os ombros para baixo e para trás. Repita o movimento seis vezes.

Dica ~ Use uma almofada para proteger os joelhos. Se os seus punhos começarem a incomodar, experimente enrolar a ponta do tapete e apoiá-los ali.

Se você tem problemas na lombar e/ou no pescoço, comece com movimentos mais curtos e, aos poucos, aumente a amplitude do movimento.

Aceitar e reagir

10 minutos

A meditação do seixo

Mentalize um seixo ou, se estiver em meio à natureza, escolha uma pedra de verdade e gentilmente lance-a na água como uma forma cuidadosa de se conectar com suas sensações interiores.

※ Escolha uma posição confortável no chão ou numa cadeira e imagine-se à beira de um lindo lago. O sol está brilhando e você pode ver os raios dele refletidos na água. Há ninfeias na água e libélulas azuis e verdes voando em círculos. Talvez você ouça o coaxar de um sapo. Permita--se visualizar este lago em todo o seu esplendor e acrescente ao cenário qualquer imagem ou som que você criar em sua imaginação.

❋ Agora, imagine-se pegando um seixo pequeno e de superfície plana, atirando-o na água e depois observando-o começar a afundar. Observe seus pensamentos e suas emoções. Deixe o seixo afundar mais e perceba se há mudança em alguma sensação, imagem ou algum sentimento.

❋ Deixe que o seixo alcance o fundo do lago. Você pode até mesmo ser capaz de ver onde ele parou. O que sente ou pensa agora? Há alguma mensagem surgindo que você precisa ouvir ou trazer à percepção consciente?

❋ Permaneça assim um pouco mais e respire, instante a instante... cuidando do agora.

inspiração

A casa de hóspedes

O ser humano é uma casa de hóspedes.
Toda manhã uma nova chegada.

A alegria, a depressão, a falta de sentido,
alguma percepção momentânea
surge como um visitante inesperado.

Receba e entretenha a todos!
Mesmo que uma multidão
de dores invada violentamente
sua casa e leve embora os seus móveis,
trate cada hóspede respeitosamente.
Ele pode estar preparando
você para um novo prazer.

O pensamento negativo, a vergonha,
a malícia – encontre-os à porta com um sorriso
e os convide a entrar.

Agradeça a quem vem,
porque cada um foi enviado
como um guardião do além.

Jalal Ad-Din Rumi (1207–1273)

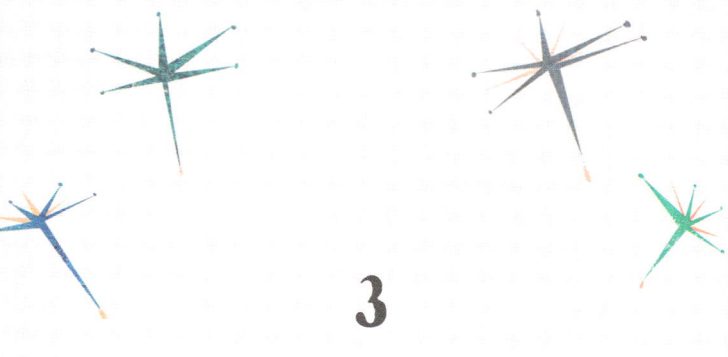

3
Tomando decisões

Quando procrastinamos e nos distraímos, evitamos nos comprometer com o que é verdadeiro — nossa vida. A atenção plena nos ajuda a estar realmente presentes, de modo a reagir com sabedoria aos desafios e vivenciar cada momento à medida que ele acontece.

10 minutos

Caminhando de maneira atenta

Sinta o milagre de se movimentar sem o objetivo de chegar a algum lugar, com a antiga prática de meditar caminhando. Você pode fazer isso em ambiente fechado ou ao ar livre, desde que o lugar seja seguro e protegido para que você não tropece. Um jardim particular, não importa o tamanho, é ideal. Basta ter espaço para dar cerca de 10 passos numa única direção.

Pratique a caminhada com atenção plena por 10 minutos no início, depois aumente gradativamente para 20 minutos, caso deseje ou necessite.

❇ Primeiro, fique numa posição que lhe permita sentir a conexão com a terra: os pés separados na distância do quadril e solidamente posicionados no chão. Observe a área na qual você vai caminhar, mantenha os olhos abertos e olhe em frente, nunca para baixo.

❇ Comece bem devagar, levantando o pé direito do chão. Perceba o calcanhar se desprendendo do solo e o peso do corpo mudando para o pé e a perna esquerdos. Tendo suspendido o calcanhar direito, observe como o movimenta para a frente bem devagar e o apoia delicadamente no chão, um passo à frente. Enquanto coloca o pé direito no chão, observe o calcanhar esquerdo saindo do solo e o peso voltando para a perna direita.

※ Você vai perceber que está caminhando de um jeito instável, por ter diminuído muito a passada. Pode ser útil imaginar que está deixando pegadas de verdade no chão, como se estivesse andando na areia. Sua consciência estará completamente ocupada com o levantamento do pé e o deslocamento de cada passo, e você observará com atenção como seu peso muda da direita para a esquerda e depois vice-versa.

※ Quando tiver completado cerca de 10 passos numa direção, leve o tempo que precisar para voltar. Note como seus quadris giram gradualmente e, antes de começar a próxima sequência de passos, faça uma pausa com os pés bem firmes no chão.

※ A cada percurso, é provável que você se sinta mais seguro e conectado com a terra, apesar de a experiência ser diferente de pessoa para pessoa. Experimente fazer isso com uma postura sincera e curiosa, como se fosse uma criança. Não é um milagre que o corpo saiba exatamente o que fazer?

5 minutos

Experimente fazer a caminhada dos 10 passos

Eis aqui a história de um cliente meu que costumava caminhar praticando a atenção plena para relaxar no trabalho. Pode ser que você goste de experimentar o método dele também.

Tom gosta de caminhar os 10 passos no escritório. Numa das extremidades da sua sala há uma janela que dá para um bosque; na outra, um pôster mostra sua cidade favorita. Então, quando a mente dele se desliga durante os 10 passos da caminhada em atenção plena, essas duas imagens funcionam como lembretes para trazê-lo de volta. A cada passo, ele repete mentalmente: "Levantar o pé, movimentar para a frente, colocar o pé no chão." O foco na sola do pé e a instrução repetitiva o ajudam a se concentrar e a tirar da mente todas as situações causadoras de medo de sua vida.

Tomando decisões

5 minutos

Como você está se sentindo?
Verifique sua respiração

Ao observar sua respiração,
você pode mudar completamente
a maneira como se sente.

A respiração profunda expande os pulmões, que então enviam uma mensagem direta para o coração, que por sua vez começa a bater mais devagar.

A respiração é a energia da vida. Ao prendermos a respiração, diminuímos nossa energia vital. Quando nos sentimos agitados ou indecisos, muitas vezes também ficamos ofegantes. Experimente a seguinte técnica para melhorar a respiração:

- Pare um pouco para perceber sua respiração. Como ela está? Curta ou profunda, lenta ou rápida, suave ou pesada, regular ou irregular? Você costuma expandi-la ou prendê-la? Se você analisar todos esses detalhes com curiosidade, obterá uma boa compreensão de como está sua respiração no momento.

- Partindo dessa observação, você consegue perceber qualquer mudança de padrão. Se continuar a observar sua respiração, você se sentirá mais revigorado, mais feliz e com um entusiasmo renovado pela vida.

5–10 minutos

Abrindo o peito com suavidade

Esta postura ajudará você a reverter de maneira suave e amorosa a postura fechada (posição fetal) que frequentemente acompanha problemas de autoestima e de humor.

※ Coloque uma toalha de banho enrolada sobre um tapete de ioga. Sente-se na ponta do tapete e, com a ajuda dos braços, deite-se com as costas apoiadas na toalha, na altura do esterno.

- Os braços ficam estendidos ao longo do corpo ou abertos até a altura dos ombros. As pernas podem ficar dobradas ou estendidas, ou apoiadas em uma manta enrolada, se você achar necessário. Relaxe-as até que fiquem meio abertas. Se precisar de apoio para a cabeça, use uma almofada.

- Você está agora abrindo o peito, aprofundando a respiração. Fique assim de 5 a 15 minutos.

- Para terminar, role de lado e retire a toalha. Por fim, deite-se novamente de costas e note a sensação nas costas e no peito. Provavelmente você sentirá o peito bem mais aberto.

5 minutos

Abrace os joelhos

Esta é uma maneira fantástica de reduzir a ansiedade. A sensação de segurança trazida pela postura cria um sentido de foco.

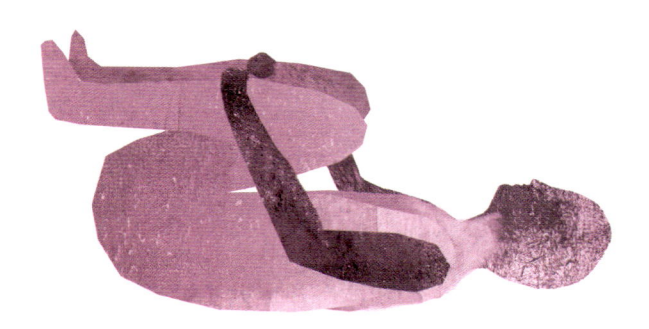

Quando estiver posicionado, controle e estabilize sua respiração, criando assim uma sensação de pertencimento.

- Comece numa posição relaxada e confortável, deitado de costas numa manta ou num tapete de ioga. Se precisar de apoio para o pescoço, use uma almofada ou uma toalha enrolada.

- Dobre as pernas, uma após a outra, na altura do peito e segure-as com as mãos, sem puxá-las demais. Mantenha a coluna alongada, pressionando cada vértebra contra o chão, e evite puxar os ombros para cima. Se tiver dificuldade para manter as pernas dobradas, segure por trás dos joelhos. Preste atenção na respiração. Mantenha a postura pelo tempo que for confortável para você.

- Quando estiver pronto, solte com suavidade as pernas e relaxe o corpo no chão.

inspiração

Um convite

Quando a ansiedade pairar sobre a luz, as sombras e todas as ações, por favor, não tema. Eu gostaria de lembrar-lhe de que a vida não o esqueceu. Ela está segurando sua mão e não o deixará cair. Por que pretende afastar de sua vida qualquer desconforto ou depressão? Afinal de contas, embora não saiba aonde tudo isso vai levar, essas experiências podem provocar a mudança que você sempre desejou.

De *Cartas a um jovem poeta*,
de Rainer Maria Rilke

4
Simplesmente ser

Entrar no modo "ser" em vez de no modo "fazer" pode nos libertar da "mente preocupada", ajudando-nos a saborear cada momento. Com essa tranquilidade, podemos caminhar rumo à aceitação de como as coisas são.

10 minutos

Examine o seu corpo

Com este exercício, vamos percorrer todo o corpo e entender o que ele está tentando nos dizer. Isso possibilitará o desenvolvimento de uma relação saudável com nossa estrutura corporal, que tantas vezes consideramos imperfeita. O corpo é a nossa "casa", portanto é importante aprender a aceitá-lo e, com isso, aproveitá-lo ao máximo.

- Escolha uma posição confortável. Deite de costas num colchonete ou tapete, no chão ou mesmo na cama. Mantenha-se aquecido e feche os olhos suavemente.

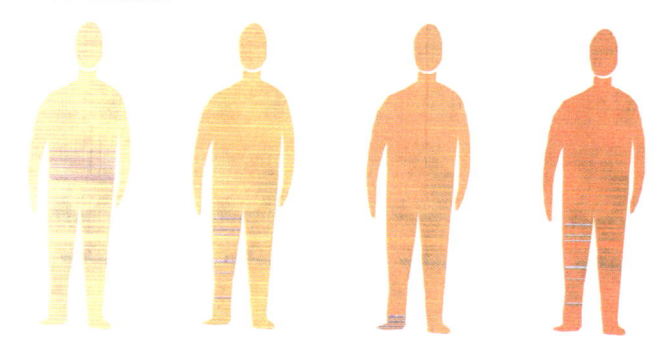

※ Espere alguns momentos até começar a perceber o movimento de sua respiração e as sensações em seu corpo. Quando estiver pronto, direcione sua percepção para as sensações físicas, principalmente o contato do corpo com o chão, o tapete ou a cama. Aproveite cada expiração para relaxar, afundando um pouco mais na superfície de apoio.

※ Agora traga sua percepção para a região do baixo abdômen, para as diferentes sensações que ocorrem quando você inspira e expira. Pode ajudar colocar a mão na barriga e sentir cada respiração, percebendo que algumas são mais profundas, outras mais curtas, e que costuma haver um pequeno intervalo entre cada expiração e inspiração.

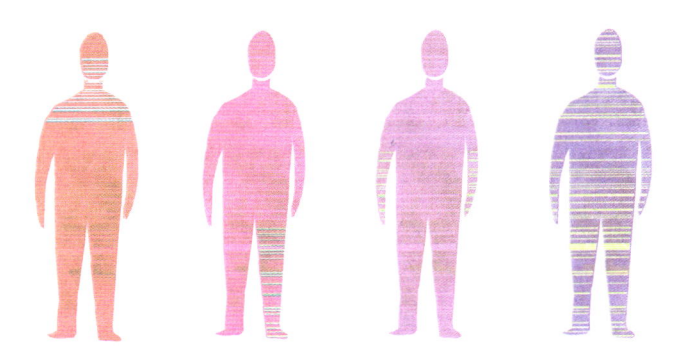

✺ Direcione seu foco para a perna esquerda e para o pé esquerdo. Concentre-se em cada dedo deste pé, começando pelo dedão até o mindinho, e depois na sola do pé. Vá subindo pela panturrilha, pelo joelho e pela coxa.

✺ Quando estiver preparado, numa inspiração, sinta o ar entrando pelas narinas, depois pelos pulmões e então descendo pelo abdômen até a perna e o pé esquerdos. Então, numa expiração, sinta ou imagine o ar subindo a partir dos pés, passando pelas pernas, pelo abdômen e pelo peito e saindo pelo nariz. Em cada expiração, sinta como se estivesse liberando tensões ou desconfortos. Repita este exercício por algumas respirações da melhor forma possível.

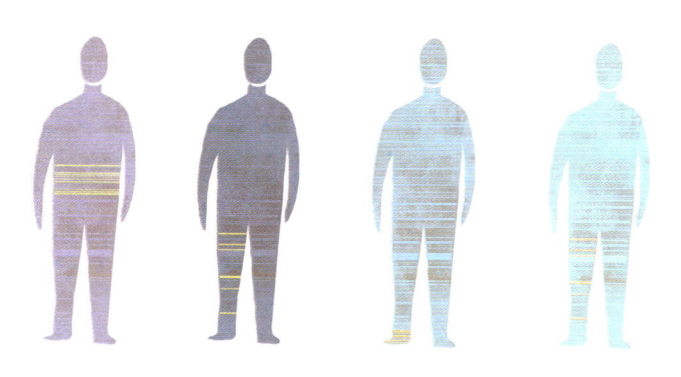

❄ Continue o processo de conscientização e de sutil curiosidade em relação às sensações físicas. Quando deixar cada área, "respire dentro dela" durante a inspiração, e "libere-a" durante a expiração.

❄ Quando você se conscientizar de qualquer tensão ou sensação intensa em alguma parte do corpo, "respire dentro dela" e, da melhor forma que conseguir, "libere-a" durante a expiração.

❄ Depois de escanear o corpo inteiro dessa maneira, dedique alguns minutos a tomar consciência do corpo como um todo e também da respiração fluindo livremente para dentro e para fora dele.

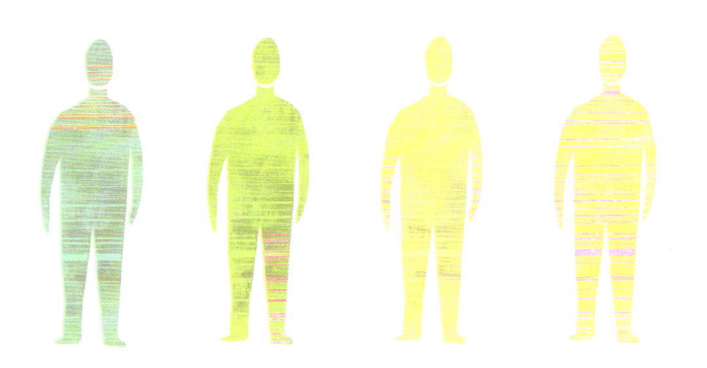

10 minutos

Examine os seus pés

Neste exercício, o objetivo é nos afastarmos ao máximo da mente racional, que fica ruminando pensamentos "de ataque", e nos aproximarmos da "mente emocional" para, assim, nos conectarmos com nosso espaço interior. Mantenha os olhos fechados ou semicerrados; você não está olhando para os pés, e sim tentando ampliar sua percepção em relação a ele. Não importa se está sentado ou de pé.

※ Direcione sua percepção para o pé esquerdo. Sinta-o com sua mente e aos poucos conduza a si mesmo pelo território do seu pé de maneira atenta.

Você pode dizer:
Estou me conscientizando do pé esquerdo, do dedão, do dedo mindinho e de todos os dedos entre eles, até mesmo dos espaços entre os dedos, sentindo e percebendo cada detalhe.

E/ou isto:
Agora estou promovendo a conscientização das unhas e das pontas dos dedos, depois do calcanhar e do peito do pé, e agora da sola inteira do pé.

※ Praticar a atenção plena nos pés por alguns minutos afasta o pensamento consciente das crenças que alimentam a raiva ou os pensamentos negativos. Você também pode acalmar a mente caminhando de maneira atenta.
(ver p. 42-44)

5 minutos

Para recuperar a energia

Você pode fazer esta simples coordenação de respiração e movimento na própria cama para, aos poucos, recuperar a energia. Depois que se levantar, realize tarefas simples, como ir ao banheiro, se vestir, preparar uma xícara de chá e assim por diante, sempre mantendo a atenção plena.

※ Deite-se de costas com as pernas estendidas e permita-se ficar em total tranquilidade.

※ Quando inspirar, abra os dedos dos pés como uma flor se abre para os raios de sol. Ao expirar, aperte os dedos como se a flor estivesse se fechando (se você costuma ter cãibras, feche os dedos suavemente).

※ Durante a inspiração, aponte os dedos dos pés para longe e, na expiração, flexione os pés.

※ Gire os tornozelos para um lado e depois para o outro.

※ Dobre uma perna e flexione o joelho a 90 graus. Quando inspirar, estenda a perna na direção do teto.

Ao expirar, volte à
posição original.
Mude de lado
depois de 6 a 9
repetições.

❋ Agora, traga os pés para perto das nádegas, um após o outro, e descanse-os apoiados na cama, separados a uma distância equivalente à largura dos quadris.

❋ Com os braços abertos no máximo até a altura dos ombros, expire, deixando cair os dois joelhos para o lado direito; quadris, pelve, lombar e coluna acompanham o movimento, com a cabeça permanecendo no centro ou virando um pouco para a esquerda. Quando inspirar, mantenha a posição. Quando começar a expirar, retome a coluna, a pelve, os quadris e os joelhos à posição original.
Repita para o outro lado.

❋ Faça isso com suavidade, pelo tempo que aguentar.

Simplesmente ser

5 minutos

Lidando com a perda

Como podemos manter um relacionamento saudável com a dor, o medo e a perda? Não existe resposta simples. Não tente mudar a realidade, nem fingir que determinada situação não existe. Esta talvez seja a prática de atenção plena mais fundamental e mais desafiadora para uma sociedade acostumada a soluções imediatas.

- ❋ Sente-se confortavelmente. Sinta os pés plantados no chão, as costas alinhadas com o pescoço e as mãos descansando no colo.

- ❋ Concentre-se na respiração. Permita que cada inspiração entre em seu corpo e se expanda enquanto ela durar – não force nada, apenas permita que seu corpo respire por ele mesmo. Depois, após uma pausa natural, solte todo o ar. Faça este exercício até se sentir tranquilo.

- ❋ Depois, direcione o foco para a "perda" – que pode ser de saúde, de uma amizade ou de um amor, ou até a morte de alguém próximo. Diga em voz baixa: "Seja lá o que for (aqui, você preenche a 'perda' verbalmente ou com uma imagem), deixe que eu a sinta." Comece com uma frase ou imagem bem simples e a mantenha na consciência. Fique com ela, sinta-a, perceba a perda, enfrente-a, mesmo que seja dolorosa, mas não finja que ela não existe. É possível que você só consiga fazer isso por um ou dois minutos. Tire da mente o pensamento ou a imagem e volte o foco para a respiração.

inspiração

Aceitando o que é

Lidar com uma doença usando a atenção plena significa aceitar a realidade dela.

Buda contou a história das "duas flechas"
a seus visitantes:

Às vezes, a vida nos atira uma flecha e nos fere. No entanto, quando nos recusamos a aceitar o que aconteceu, quando nos aborrecemos com o fato, declarando que ele é injusto e pensando no tempo que irá durar a dor, nossa tendência é disparar uma segunda flecha no ferimento aberto e, com isso, aumentar e prolongar a dor. A dor muitas vezes é inevitável, mas o sofrimento é opcional.

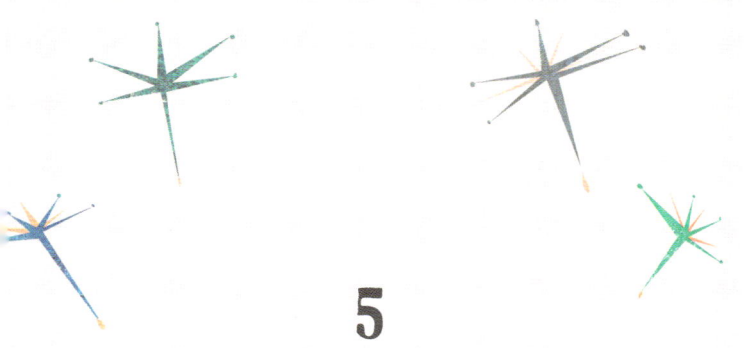

5
Comendo de maneira consciente

Ao observar o que comemos e bebemos, podemos cultivar a gratidão pela comida que temos. A sensação de bem-estar e de paz é grande quando não precisamos mais usar a comida para resolver nossos problemas.

inspiração

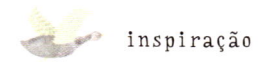

Comendo com prazer

Muitas vezes, comemos demais por causa dos hormônios do estresse que circulam dentro de nós. Quando algo desencadeia no corpo a resposta de luta ou fuga, ele interpreta que está em perigo e requisita energia extra para todas as tarefas que precisa realizar. Para conseguir essa energia a mais, sentimos necessidade de ingerir açúcar e carboidratos, já que essas substâncias são rapidamente convertidas em energia.

Está entendendo a situação? Em tempos de muito estresse, faz sentido que você não tenha vontade de comer pepinos ou cenouras. O corpo não consegue diferenciar o perigo real do perigo percebido – mesmo assistir a um filme de terror pode acionar a resposta de estresse. O corpo simplesmente faz o que foi programado a fazer há 700 mil anos.

Outro gatilho que nos leva a comer demais, mas não necessariamente alimentos saudáveis, é a solidão. Comer proporciona uma sensação de segurança. Embora as causas dos distúrbios alimentares estejam além do alcance deste livro, eu convido você a tentar introduzir uma alimentação cuidadosa e prazerosa em sua vida cotidiana. Para saborear realmente a comida, experimente usar um garfo pequeno e um prato menor. Ingerir líquidos com um canudo pode ajudar você a se acalmar.

Na natureza, a gazela nunca pasta se o leão estiver caçando.

5 minutos

Meditação da passa

Comer com consciência ajudará você a se reconectar com o prazer da comida. Você pode usar um punhado de uvas-passas, ou pequenos pedaços de chocolate, nozes ou qualquer lanche rápido como alternativa. Certifique-se de fazer uma pausa a cada etapa.

~ Concentre-se neste alimento e imagine que você nunca viu nada semelhante.
~ Segure-o na palma da mão.
~ Perceba características como tamanho, cor, forma, peso e aspecto.

- Olhe atentamente para as uvas-passas e observe os sulcos na superfície.
- Escolha uma e explore sua textura. Pode espremê-la ou tirar um pedaço.
- Analise a maneira como a luz incide sobre ela.
- Permita que o seu sentido da visão se deleite.
- Se você começar a pensar "Por que estou fazendo isso?" ou "Isso é uma bobagem", reconheça seus pensamentos como ideias aleatórias e retome a consciência, sem juízo de valor, para continuar observando.
- Agora, cheire as uvas-passas e segure uma delas bem próximo ao nariz, para que a cada respiração você possa perceber o aroma que ela possui.
- Coloque uma uva-passa perto do ouvido e esprema-a para ver se surge algum ruído. Será que tem? Deixe-se surpreender.

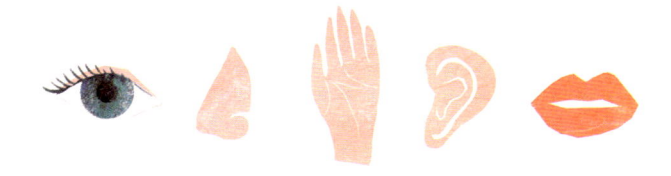

- Agora, olhe mais uma vez para a uva-passa e encoste delicadamente os lábios nela. Esse contato desperta algo diferente do que você sentiu quando a segurou entre os dedos?
- Lentamente, leve-a em direção à boca, sentindo o braço se erguer enquanto a boca se enche de água.
- Coloque a uva-passa na boca com delicadeza, mas não morda. Perceba como ela é "recebida", como o corpo sabe exatamente o que fazer, e explore as sensações que o alimento desperta.
- Quando estiver preparado, morda com consciência a uva-passa e observe os sabores que ela libera.
- Mastigue-a devagar, percebendo a saliva na sua boca e a mudança na consistência da uva-passa. Preste atenção a qualquer coisa que seja nova para você.
- Então, quando se sentir preparado, engula a massa suculenta, tentando detectar a intenção de engolir assim que ela surge, de modo que até isso seja experimentado com plena consciência.

A comida deve ser saboreada tanto pela mente quanto pelo corpo.

~ Por fim, veja se consegue acompanhar toda a deglutição, sentindo a uva-passa se movimentar até o seu estômago, percebendo que seu corpo está agora abastecido desse alimento. Que sabor ainda persiste na sua boca? Que movimentos sua língua está fazendo agora? Você está com vontade de comer outra uva-passa?
~ Entregue-se a esse "jogo" com a jovialidade e a curiosidade de uma criança.

Depois deste exercício diário, você vai se sentir mais calmo e tranquilo. Imagine comer cada bocado de uma refeição – talvez uma vez por dia – dessa maneira. Você também pode fazer este exercício comendo uma maçã ou tomando sua bebida predileta deste modo.

inspiração

Faça o ritual do chá

Peter Altenberg, escritor vienense do século XX, conta a história a seguir, sobre a alegria e a profunda satisfação de tomar chá:

São quase seis da tarde. Posso sentir a hora se aproximar. Não com a mesma intensidade com que as crianças sentem o Natal, mas em ritmo igualmente crescente. Às seis horas em ponto eu tomo chá, um prazer comemorativo livre de desapontamentos nesta existência. Algo que faz você perceber que tem nas mãos o poder da felicidade serena. Até mesmo o ato de encher de água minha linda chaleira de níquel é prazeroso. Espero pacientemente a água ferver, escutando o assovio da água a murmurar.

Tenho uma enorme caneca Wedgwood vermelha. O chá do Café Central cheira a pradarias.

O chá tem um tom amarelo-ouro, como feno recém-colhido. Ele nunca escurece muito, está sempre leve e delicado. Eu o bebo com cuidado e bem devagar. O chá tem um efeito estimulante no meu sistema nervoso. Tudo na vida parece ficar mais leve e suportável depois dele.

Beber meu chá às seis da tarde nunca parece perder seu poder sobre mim. Todo dia eu espero por isso com a mesma intensidade do dia anterior, e, ao beber o chá, carinhosamente o incorporo ao meu ser.

Sonnenuntergang im Prater
(Pôr do sol no parque Prater),
de Peter Altenberg.

5–10 minutos

Nutrindo o corpo: revisitando o exame corporal

Anteriormente, realizamos a jornada do exame corporal deitados e com as pernas afastadas. Desta vez, escolhemos uma postura mais ágil e focamos basicamente no tronco para ativar bastante essa área do corpo que nos ajuda a entrar em contato com o processo de alimentação.

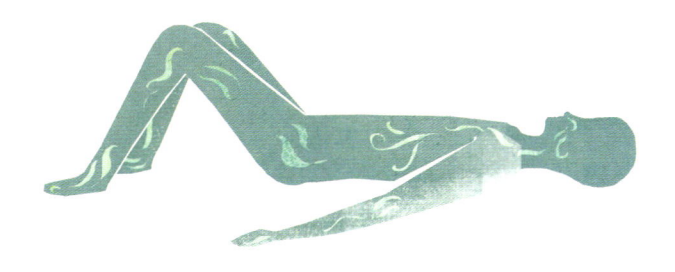

Dica ~ Apoie a cabeça numa almofada e tente não dormir. A intenção do exame corporal é estar desperto para sentir a experiência de estar vivo.

- ✺ Sente-se numa cadeira ou deite com os joelhos dobrados na posição de triângulo.

- ✺ Comece pelo alto da cabeça, trazendo consciência para essa região, depois para a parte de trás e para a testa.

- ✺ Traga consciência para o rosto, depois para a nuca e os ombros, os braços e as mãos, as nádegas, as pernas e os pés. Sinta seus pés enraizados no chão.

- ✺ Agora traga consciência para o tronco: costas, coluna, peito e abdômen. Observe como a respiração expande e retrai o corpo e direcione sua atenção para as áreas que sobem e descem com a respiração.

- ✺ Na sequência, direcione o foco para os órgãos digestivos: o estômago e o cólon. Mantenha a consciência nesta região. Lembre-se de que é bem aí que todos os nutrientes são recebidos e digeridos. A energia criada por meio desse processo está agora abastecendo seu corpo inteiro. Sorria para esses órgãos, leve consciência e gratidão para eles e, em cada inspiração, permita que o fluxo de oxigênio permeie tudo e aproveite a expiração para liberar toda tensão, todo desconforto ou todo pensamento crítico.

- ✺ Fique um tempo respirando nesta parte do corpo até se sentir calmo e grato.

inspiração

Comendo de maneira consciente todos os dias

Cada refeição pode ser um chamado à atenção plena e à gratidão. Se possível, e sem obrigatoriedade, pense nas etapas que foram necessárias para criar, por exemplo, a deliciosa sopa que está na tigela à sua frente.

Conecte-se com as pessoas que plantaram e colheram as hortaliças, com o ceramista que produziu a tigela e com o cozinheiro que preparou a refeição. Prove de verdade a comida e veja se consegue adivinhar quantos ingredientes foram usados. A refeição mais simples pode se tornar um banquete com uma pequena "pitada" de consciência.

6
Gratidão e compaixão

Gratidão e autocompaixão podem curar e trazer paz a você. A gratidão surge quando estamos conscientes e observamos a beleza simples da vida.

10 minutos

Prática da gratidão: anote!

A gratidão e o apreço nos ajudam a buscar a alegria e a satisfação, que por sua vez criam uma química de bem--estar e de paz em nosso corpo.

Estudos demonstram que praticar regularmente a gratidão e o apreço, inclusive anotando as experiências pelas quais você se sente grato, pode levar à melhoria da saúde, à diminuição do estresse e a uma perspectiva mais otimista da vida.

- ❇ Encontre um lugar tranquilo, onde você possa se sentar para escrever num caderno e meditar.

- ❇ Reserve alguns minutos para anotar todas as coisas pelas quais você é grato (como suas amizades, suas características pessoais, seu corpo, sua casa, suas lembranças, e assim por diante).

- ❇ Leia sua lista e agradeça silenciosamente cada item anotado. Por exemplo: "Agradeço o meu lindo sorriso, minha caneca predileta, minha última viagem de férias…" Quando você agradece, de fato se sintoniza com os cinco sentidos.

- ❇ Traga consciência para este momento. O que desperta sua gratidão aqui e agora? Como sente isso no seu corpo, e em que parte dele você percebe essa sensação? Respire suavemente e permaneça sentado, em agradecimento, por algum tempo.

10 minutos por dia durante uma semana

O grande "EU" – Autocomiseração

A autocomiseração pode ser o yin para o yang da atenção plena. Nós precisamos ser compreensivos e nos aceitar quando não conseguimos nos manter atentos, apesar de precisarmos da atenção plena para observar nossos pensamentos e comportamentos autocríticos.

- Pegue uma folha grande e desenhe com letras maiúsculas a palavra "EU" ocupando todo o papel. O "EU" maiúsculo representa você de maneira integral, todas as ações realizadas, todos os aspectos de seu corpo e de sua mente, seus talentos e assim por diante.

- Ao longo de uma semana, escreva em volta do "EU" maiúsculo os pequenos "eus" que surgirem – escolha uma caneta colorida para o que você gosta a respeito de si mesmo e uma de outra cor para o que você acha que precisa melhorar ou aceitar. Faça com que cada "eu" minúsculo represente apenas um aspecto. Portanto, eu escreveria em verde: "gosto de conhecer pessoas", "cozinho bem", "tenho olhos bonitos". Depois anotaria em vermelho: "ser mais paciente" e "melhorar a organização".

※ É maravilhoso realmente ver como somos feitos de uma grande variedade de comportamentos e características. Ninguém é um fracasso completo, muito menos uma perfeição.

Esta é a condição humana. Aceitá-la em sua plenitude é a base para a mudança.

10 minutos por dia

Meditação Metta: bondade amorosa

A palavra *metta* costuma ser traduzida como "bondade amorosa". Ao praticar esta meditação, você vai descobrir que é capaz de enfrentar as situações com mais facilidade e leveza. Eu realmente acho que se trata de uma poderosa ferramenta de transformação.

Você pode visualizar, no centro do peito, seu coração "emocional", uma imagem de si mesmo neste momento ou de como era quando criança. Se tiver dificuldade para fazer essa visualização, experimente mentalizar o seu nome escrito no meio de seu coração.

A prática começa com a intenção pura de aumentar a compaixão por si mesmo de dentro para fora. Podemos usar a analogia de plantar uma semente, que é "cultivada" ao longo do exercício até crescer e se transformar numa linda flor ou árvore.

Que eu esteja seguro e protegido.
Que eu esteja em paz.
Que eu viva com tranquilidade e bondade.

Na segunda semana, após meditar sobre nós mesmos, acrescentamos alguém de quem gostamos e com quem nos preocupamos:
Que você esteja seguro e protegido.
Que você esteja em paz.
Que você viva com tranquilidade e bondade.

Podemos ampliar o exercício, semana após semana.

E podemos ir além, incluindo pessoas que mal conhecemos ou pessoas que nos magoaram ou nos causaram aborrecimentos:
Que todos os seres estejam seguros e protegidos.
Que todos os seres estejam em paz.
Que todos os seres vivam com tranquilidade e bondade.

Nós começamos esta meditação com a simples intenção da bondade amorosa, mas a experiência tem demonstrado que persistir com ela pode enriquecer incrivelmente nossa vida. Se cada um de nós conseguisse tocar "outra pessoa" por meio desta prática, o mundo seria um lugar bem mais seguro, amoroso e pacífico para se viver.

5–10 minutos

Sorria internamente: uma rápida prática sentada

Este "sorriso" acalma o corpo e traz um senso de tranquilidade quase instantâneo. Comece adotando uma postura sentada num local tranquilo.

Permita que quaisquer pensamentos — bons ou ruins — passem por você como as nuvens passam pelo céu.

- Forme um círculo com as mãos, encostando os polegares e deitando os dedos da mão esquerda sobre os dedos da mão direita.

- Concentre-se na respiração. Deixe que cada respiração aconteça por si mesma, sem forçar. Permita que o corpo respire por si mesmo e acompanhe esta respiração milagrosa, indo e vindo.

- Quando se sentir tranquilo, tendo respirado dessa forma por alguns minutos, deixe que um sorriso benévolo surja em seu rosto. Perceba como isso suaviza todos os músculos faciais e como, respiração após respiração, esta suavização e este relaxamento se ampliam ainda mais para cada célula de seu corpo. Logo, seu corpo inteiro se tornará um sorriso gentil e bondoso.

- Permaneça nesta posição por algum tempo e simplesmente "seja", momento a momento.

Quando amamos a nós mesmos de forma
genuína, nos conectamos com a nossa
verdadeira bondade, enxergamos as dádivas
que temos recebido e experimentamos
a alegria de compartilhá-las com
as outras pessoas.

7
Atenção plena no dia a dia

A atenção plena é mais uma atitude do que uma técnica. Sempre que sentimos que nos reconectamos com o "piloto automático", temos a chance de escolher parar e começar novamente, tornando nossa vida mais prazerosa e consciente.

Um dia pleno

- Ao caminhar, você pode focar por um tempo na sua respiração, apenas observando-a com leve curiosidade. Também pode sorrir internamente antes de se levantar, respirando com calma em cada pedacinho de seu corpo. Em seguida, tome um banho cuidadoso, escove os dentes com consciência e se prepare para o dia com atenção plena.

- Algumas pessoas gostam de meditar pela manhã, outras preferem à noite ou a qualquer hora do dia. É uma boa ideia anotar em sua agenda este "encontro especial com você mesmo".

- Você pode fazer esses exercícios de respiração várias vezes por dia, talvez quando lavar as mãos, por exemplo. E quando os fizer, faça com gratidão.

- Comunicar-se com as pessoas é outro aspecto saudável deste exercício. Ouça a si mesmo conversando com alguém. Será que você está atento à maneira como fala e escuta, dando espaço à outra pessoa e escolhendo as palavras com honestidade, sem a necessidade de vencer ou de marcar pontos?

※ Quando surgirem momentos frustrantes, como, por exemplo, ficar preso no trânsito, você pode tentar respirar com consciência ou então ouvir música – realmente ouvir – ou apenas observar o que está ao seu redor, vendo a vida como ela de fato se apresenta naquele dado momento.

※ Antes de dormir, anote em seu diário o "GAS" do dia: o que você *gostou* de fazer, o que tem a *agradecer* e o que lhe trouxe *satisfação*. Podem ser coisas banais, como ter dado um telefonema difícil ou pago uma conta; uma pequena ação é suficiente. Antes de apagar a luz, você está mais uma vez convidado a se conectar com seu corpo de maneira suave e consciente, sorrindo e respirando nele.

Ouça a si mesmo falando ao telefone ou conversando com alguém.

inspiração

Meditação diária

Fiquemos imóveis por alguns instantes,
sem mexer nem o dedinho,
para que a quietude desça sobre nós.
Não haverá para onde ir nem de onde vir,
pois chegamos a este incrível momento;
haverá quietude e silêncio
que inundarão todos os nossos sentidos,
onde todas as coisas encontrarão seu descanso.
Tudo então se unirá numa conexão profunda, pondo fim ao
"nós e eles", ao isso contra aquilo;
ficaremos imóveis nesses breves momentos, porque
qualquer movimento atrapalharia essa presença real;
Não haverá nada a ser dito ou feito,
pois a vida nos abraça neste encontro maravilhoso e nos envolve
em seus braços como uma amiga querida.

Christopher Titmuss

Momentos

Em menos de um segundo
O Universo nasceu
As estrelas que vemos
Com tanta nitidez
Parecem um pouco distantes
Mas não muito
Uma semente germina
Uma vida começa
Momentos
Aqui e agora
Mas por pouco tempo

Patrizia Collard

inspiração

Transformando uma desvantagem em vantagem

Uma cliente que fez um de meus cursos me disse no final das aulas que a atenção plena diária tinha mudado sua vida. O que realmente provocou uma virada na vida dela foi a mudança de atitude em relação a algo que ela precisava fazer todos os dias e que havia desconsiderado até iniciar a prática.

Ela tinha lido pesquisas que indicavam que a atenção plena trazia muitos benefícios para problemas de pele. Ela sofria de um eczema grave, controlado apenas com a aplicação sistemática de um creme no corpo todo, pela manhã e à noite.

Embora tivesse ficado inicialmente frustrada por não obter a cura milagrosa de sua doença, ela acabou aceitando a meditação como uma oportunidade de melhorar algo no futuro.

Ela percebeu que o que poderia fazer no momento era aplicar o creme no corpo inteiro com atenção plena, sem se apressar, respirando suavemente em cada área em que estivesse fazendo a aplicação e sentindo-se grata pelo fato de que esse tratamento mantinha a doença sob controle. Isto se tornou um ritual amoroso com uma energia bem diferente, em vez de uma obrigação desagradável como era antes.

O que você poderia fazer de forma diferente na sua vida?

inspiração

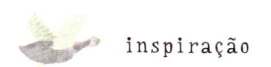

Paz

Existe apenas o silêncio
No alto da montanha
Entre as copas das árvores
Você mal percebe a
respiração
Até mesmo os pássaros na
floresta
Mantêm-se imóveis e
silenciosos
Aguardando
apenas um pouco mais
E você também
enfim encontrará a paz.

J. W. von Goethe

Uma mensagem final

Este pequeno guia está chegando ao fim, ainda que na verdade ele seja apenas o começo de outro capítulo, outra aventura. Espero que este livro tenha lhe servido como inspiração para que você viva a sua vida momento a momento, sabendo que a única certeza é que tudo muda o tempo todo.

A cada dia fico mais convicta de que qualquer um de nós é como um lindo diamante que precisa apenas ser lapidado para poder brilhar em sua plenitude. Um diamante bruto parece uma pedra qualquer, mas embaixo daquela superfície se escondem beleza e transparência inacreditáveis.

Com votos de felicidades,
Patrizia Collard

Agradecimentos

A Helen Stephenson, que sugeriu e contribuiu para as práticas aqui apresentadas. Eu me sinto honrada por ela ter compartilhado tanto comigo. Obrigada, Christopher Titmuss, por me autorizar a usar sua Meditação diária, e ao maravilhoso Coleman Barks, por sua tradução de *A casa de hóspedes*, de Rumi.

A Dan, Toby, Bernhard e Tybalt.

Obrigada a todos da Octopus – especialmente a Abi Read, por suas lindas ilustrações, e a Liz Dean, publisher e consultora da Gaia Books, que esteve presente em cada passo do caminho.